오늘의 마음

김예강 시집

시인동네 시인선 112   김예강 시집

오늘의 마음

시인동네

시인의 말

어제의 어지럼증이
아름다워져서
오래 가만히 서 있었다.

2019년 가을
김예강

차례

시인의 말

제1부

달의 얼굴을 만지는 시간 · 13
기다림의 분위기 · 14
정원의 세계 · 16
코끼리 사이로 애인 · 18
글자들이 다 날아간 이 페이지는 어떻게 읽어야 하나 · 20
백곰 아이스크림 · 22
신록 · 24
꽃병 · 26
옥상 · 28
마들렌을 찾아 · 30
이 모든 것 · 32
걷는 사람 · 34
지붕 낮은 상점의 옥상들 · 36
일요일의 시 · 38
인기척 · 40

빵은 삶 · 42

나는 지금 샤갈의 마을에 갑니다 · 44

빛 너머의 빛 · 46

제2부

불면 · 49

아직 걸어야 할 길 · 50

청소부 · 52

캘리포니아 알아요 · 54

테이블 · 56

수리공 · 57

식사를 기다리는 식탁 · 58

세상 모든 샌드위치 · 60

분수 · 62

노숙 · 64

저녁밥 · 66

노인의 잠 · 68

단추를 채우며 · 70

옆에 있어주는 사람 · 72

적도 · 74

온 세상이 하얗다 · 76

첫말들 · 78

제3부

아침에 거미 · 81

건물 안 · 82

커튼 · 84

해변의 마켓 · 86

오늘의 실습들 · 88

언덕 · 90

포스트잇 · 92

누군가의 손을 쥐고 있다는 듯이 · 94

지상에 남은 날들 · 96

빈 화분 · 98

지난여름 · 100

슬픔은 이제 우리를 지나쳐 갔다 · 102

고양이 놀이터 · 104

나무를 안았다 · 106

합창 연습 · 108

상점 뒤편에 벽화가 그려진 골목이 있어요 · 110

폐지 줍는 노인 · 112

그늘과 함께 · 114

무용수 · 116

해설 골목의 소요자 · 117
     김영임(문학평론가)

제1부

달의 얼굴을 만지는 시간

나의 노래는 나의 노래 뒤
나는 한밤중의 빗소리 나는 한낮의 햇살
나는 새벽안개 나는 저녁 구름
나는 홀로 붉어진 카페
나는 화원의 브런치
구름 위로 비행기가 날아가는 말
나의 창에 내린 커튼은 흰
햇볕도 사이사이 흰
커튼 사이로 보이는 수평선
길어서 다 읽지 못하는 한 줄
모두 밤의 일
내 손이 내 얼굴을 껴안아
나의 노래는 나의 노래 뒤
나는 눈발 속의 눈송이 나는 흰 벽
나는 날고 싶은 커튼 흐린 날의 커튼
나는 조금씩 완성되어가는
나는 조금씩 사라지는
나의 노래는 나의 노래 뒤

기다림의 분위기

마치 열매가 익어가는 나무 아래서의 이야기인 듯
당신은 묵묵히 서 있다

구조가 뒤죽박죽인 채 서 있다

몸속에 시계를 키우는 당신은
당신이 잠든 사이 당신을 찾는다

두 팔을 옷 속에 넣고
두 다리를 끌어안고

눈귀를 막고 입술을 닫고

골목을 걷는,
열 개의 골목이 열한 개의 골목이 된다

열한 개의 골목이 열두 개의 골목이 된다
열두 개의 골목이 열세 개의 골목이 된다

당신이 잠든 사이
열매가 익어가는 나무 아래서

불을 켜둔 집들 사이
대문을 바라보는 사람들 사이

정원의 세계

정원을 걸어 나온다

오전의 장례미사는 슬퍼졌다가 슬프지 않았다

반쯤 햇살이 내려앉고
반쯤 그늘진 곳에서

마지막 골목을 걸어 나온다
햇살과 그늘이 시간의 반을 가지는 곳에서

지나간 시간에게 지금의 시간을 내준다

고개를 뒤로 젖히고 팔을 뻗어보는 식물들

나뭇가지 사이 나뭇가지
그늘진 곳으로 어느새 어디선가
검고 긴 머리칼을 내리는 당신의 손들

아직 피어 있구나

난 늘 그래

맨 마지막까지 피어 있는 꽃이라고 너는 그랬다

우리는 식물이 될 거라고 했다

코끼리 사이로 애인

아프리카는 먼
아프리카 열차를 탄다

팔다리가 긴 목이 긴 애인
두 다리 사이 킬리만자로

흑인 애인 검은 머리
검은 얼굴 애인 새가슴 애인

팬티는 걸친 아프리카는 먼
검은 눈 애인 맨발 애인
달리는 애인

얼룩말 사이로 기린 사이로
코끼리 사이로 애인

아프리카는 먼 나는 나무와
아프리카의 별 아프리카의 바람

아프리카의 모래 아프리카의 사막

아프리카로 애인을 찾아서
바다를 건너서 밤을 날아서
낮이 두 번 지나서 먼지를 지나서
애인을 찾아서 아프리카로

글자들이 다 날아간 이 페이지는 어떻게 읽어야 하나
―젊음의 거리에서

이 책장은 백지다
파본의 장소다

빈 점포들이 문을 굳게 닫고 서 있다
눈동자가 나를

마네킹보다 마네킹 같던 청년들
어디로 날아가고 없다
가게 입구에서 쇼 모델처럼
마네킹보다 더 멋진 포즈를 잡던
꽃들은 어디로 갔을까

이 책장에서 벗어나지 않고 헤매던 밤들

여기 와서 글자들이 날아가고 없다

무성한 임대점포 골목 사이
희망은 두려운 것

이 페이지는 소리가 없고 움직이지 않는다
환하던 이 거리는

책장이 접혀져 있다
환하던 그 문장들은 어디로 갔단 말인가

이 거리는 깨어나지 않으려 한다
이 거리는 막 잠에 들려고 한다

그늘조차 날아간 채로 펼쳐진

글자들이 다 날아간 이 페이지는 어떻게 읽어야 하나

백곰 아이스크림
—처음 단어

벽돌을 뜯어내자 벽돌이 생겼다
무지개가 뜨는 창을 그리자 무지개가 생겼다
창 위 뾰족지붕에
바늘이 멈춘 낡은 괘종시계가
뻐꾸기를 날려 보낸다

이상한 지붕 아래 이상한 신발이

알 수 없는 상자를 열자
낮과 밤이 알 수 없는 시간
이상하게 움직이는 입술

흘러든 창
벽 속으로 흐르는 햇살

눈먼 자가 문 앞에 쪼그리고 앉은

열린 다락방

계단으로 흘러든 그늘들

녹아내리지만 없어지지 않는
방들

신록

나는 빛 속에 든 것조차 모른 채

새가 날아오르고 키가 유난히 크고 구불한 나무 아래 서 있었다

키가 크고 구불한 나무들은 벌써 빛이 되어 건물들을 환하게 비추고 있었다

누군가가 만지작거리다 두고 간 종이처럼

가지에 새들이 앉고 뜰 때

구겨지지 않은 빛이 자동차를 환하게 비추고 있었다

키가 크고 구불한 나무들은 샹들리에처럼 반짝거리며 흔들렸다

자동차는 줄지어 빛을 빠져나갔다

저 빛 좀 봐

벌써 음성은 빛에 젖어 나무를 감싸고 있었다

새가 날아오르고

두 다리를 나란히 모으고 대지와 수평이 되어 날아가는 새

거리는 길게 뻗어 있고

나는 가로수 아래 걸어가는 사람들이 벌써 빛이 되어

점점 작아지다 사라지는 것을 보고 서 있었다

새들이 난다

꽃병

꽃병이 꽃을 토한다
꽃병이라는 이름을 버린다
꽃병은 버려지지 않는다
꽃잎이 꽃병에서 떨어진다
고양이가 자루 위에서 내려와 어거정어거정 걸어 나온다
꽃병이 토한 꽃
고양이가 걸어간다
그늘 바깥으로 고양이가 걸어간다
어린이 놀이터 쪽으로 고양이가 걸어간다
미끄럼틀 아래로 고양이 걸어간다
나무의 눈꺼풀들이 담긴 자루 위로 올라간다
올라앉아 고양이가 잔다
몇 시간 동안 아무것도 하지 않는다
자루 위에 올라가 있다 잔다
너는 자루에서 내려오지 않는다
두 시간 채 올라가 있다
자루는 고양이를 꽂고
자루는 꽃병이 된다

꽃병이 꽃을 토한다
꽃이 꽃병을 버린다
고양이가 걸어간다

옥상

누구의 어미라도 누워 있는 것 같다
고도(古都)의 왕릉 속을 걷고 있는 것 같다
죽은 나무에 주먹만 한 새들이 난다
백년의 거처를 걸어 나와 백년의 거처에 든 것처럼
바람이 겨울을 만져보고 갔으나
죽은 나무는 죽었기에 말이 없었다
햇볕 속에 든 고도(古都)처럼
왕릉 속에 든 관광객은 웃고 나오겠으나
고도(古都)는 고도(古都)의 말만 한다
쥐구멍은 출생을 모르고
독설인지 애정인지 덤불이 타오르는 정원
금연의 정원
작은 연못이 있다 새들의 목욕탕일,
가기 싫지만 가야 하는 병원 같기도 했다
왕릉 둘레를 걸으면 없는 숲으로 들어간다
햇볕 속에 든 고도(古都)처럼
당신의 거처를 걸어 나와 당신의 거처에 든 것처럼
죽은 나무에 주먹만 한 새들이 난다

옥상에 정원이 있다
정결하지 않은 정결한 정원
누구의 손바닥 같기도 하고
누구의 어미라도 누워 있는 것 같기도 하다
모과 한 알을 물고 바람이 의자를 흔드는
병원 같은 정원은
누구의 영혼인가

마들렌을 찾아

골목을 걸었어 책갈피가 되어 골목에
꽂혀 골목을 걸었어
읽지도 버리지도 않는 헌책이 꽂힌 서가
잊지도 못하고 골목을 걸었어

햇살 속을 걸었어 골목을 걸었어
열중이고 한가한 골목
손등으로 햇살을 막고 골목을 걸었어
걷고 걸으면 냄새가 나는 골목

오늘은 백야

얼굴이 얼굴을 들여다보는 의자를 샀어

해가 지지 않는 층계에 앉아
오늘의 얼굴을 옮겼어

뜨겁지도 차갑지도 않는 층계에서

갈 곳을 잊은 해를 샀어

마들렌이 있었다는 골목을 걸었어
헌책을 사고판다는 마들렌이 있다는데
마들렌은 없고
마들렌은 지도에 있고

골목을 걸었어 마들렌을 찾아 골목을 걸었어
골목에서 사라진 마들렌
나는 걸었어 마들렌이 있다는 골목
마들렌은 휴업 중인가

이 모든 것

생일날 작년의 티셔츠를 입을까
같은 꽃을 안고 서 있을까

밤의 해변에서는 밤의 파도

그러나 아직 남아 있는 밤의 얼굴을
고민을 눈물을

어디다 둘까 당신의 생일을

오늘은 어제의 이방인
되풀이되는 낮과 밤,
얼굴을 보여다오

끝은 어디인가
영원히 참담하게 해다오

정면의 얼굴은 고개를 약간 숙인다

겨드랑이 밑에 얼굴을 집어넣고 고개를 약간
숙인다

차가웁게

둥근 지구본을 끌어안고 뛰는 것

없어진 당신의 얼굴, 생겨난 당신의 얼굴
이 모든 것

눈물을 바치는 것

걷는 사람

당신처럼

한쪽 다리에 지구가 딸려오는 것이군요
지팡이에 몸을 싣고 다리를 끌며 가는 당신처럼

한 걸음 끝에 한 나비
날아듭니다

당신은 당신을 끌고
햇빛 속으로 걸어갑니다 얼굴을 드러내고

당신 뒤에 당신이
당신 앞에 당신이
당신은 당신을 멈추려고 걷습니다

오른쪽에서는 울고 왼쪽에서는
기도하는 사이로

당신은 걷습니다

단지 한쪽 어깨가 점점 올라가는 것뿐
단지 엉덩이 살이 점점 빠져 헐렁한 바지를 입을 뿐

머리 위로 날아가는 새 울음에 귀를 젖고 걷습니다
새 부리에 물린 물고기의 꿈틀거림에
젖고 걷습니다

유모차에 아이를 태우고 아이의 손을 잡고

어제도 그저께도 일 년 전도
당신은 걷습니다

지붕 낮은 상점의 옥상들

이 나머지 풍경 속으로 뛰어드는 사람
옥상에서 나머지 풍경을 마저 색칠하는 사람을 본다

옥상이 보여주는 나머지 풍경 중에
마네킹을 안고 의상들을 진열하는 옷가게
옷가게들이 모눈종이 칸에다
겹쳐지고 겹쳐지고 겹쳐져서, 골목들, 임대, 균일가, 세일
그러면 어쩌나,
전깃줄은 계속 빗금을 쳐서 곧 종이는 구멍이 날 텐데
지붕 낮은 상점의 옥상들

골목과 골목 속 상점들
어제 올린 간판 위로 오늘의 간판이 오르고
나는 겹쳐진 전깃줄 사이로
모눈종이를 접었다 다시 꺼내보지만
마네킹을 끌어안고 가게 안으로 들어가는 여자를 본다

옥상의 햇볕과 그늘 사이에서

다리가 녹슬어 가는 가로수 사이에서

늘 공평한, 공정한, 엄정한, 노래는 삶을 위한 노래였던가 죽음을 위한 노래였던가

누군가의 손길이 구불구불 기어 나오는 골목의
누군가가 버린 골목이
붉은 채로 이 건물을 다 태울지도 모르지만
나머지 풍경은 늘 옥상의 반짝이는 저 옷가게 안에도 있다

마음처럼

옥상은 옥상 위로 지붕보다 더 커다란 종이를 펼쳐놓고 나머지 풍경을 색칠한다
지붕 위 굵고 검은 전선 사이로

옥상은 지상에서 보이지 않는 나머지 풍경을 갖고 있다

일요일의 시

너는 눈먼 사람
잠시 내 등을 빌려 너의 눈을 가지렴

너는 눈을 두고 온 사람
내 등에 너의 손을 얹고 일어나 보렴

바닥은 나를 계단 밑으로 데려왔다 지팡이가 바닥을 톡톡 두드릴 때마다 접혔던 날개가 펼쳐진다 조금 흔들렸다가 지상으로 내려앉는 새처럼 날개를 접는다 지팡이를 쫙 펼치고 날아간다 기억하는 바닥에서 기억을 밀고 날아간다 없는 기억들, 긴 의자에 고개를 숙이고 너는 등을 말았다

모퉁이마다 두드린 그림자들
그에게만 맡아지는 향기가 있듯 지팡이가 기둥을 톡톡 칠 때 기둥은 부르르 떨었으리라

향기를 맡아보렴
무릎에서 손바닥을 펴보렴

나는 나만 만지는 길을 기억한다

나는 손을 어디다 두었을까

눈먼 그가 나의 등을 쥐고 걸어 나간다 손이 사라진 나의, 호주머니에서 손 뺀 적 없는 나의, 손 대신 입을 크게 벌려 노래한다

우리는 어디로 가는가
서로의 손이 되어

나는 손을 어디다 두었는지 모르는 사람
너는 나의 등을 쥐고 걸어 나가는 사람

시를 읽는다 그리고 시는 없어진 손처럼 호주머니 속에 살고 있다

인기척

인기척은 골목에서 녹으면서 쌓인다
거리를 걸으며 집들을 어루만지는 것일 수 있다

내려오며 허공을 다 어루만진 눈처럼
기념사진 속으로 사라지는 벽화

살림살이가 아무렇지 않게 새어 나왔다
희망이거나
슬픔이 현재를 방치하듯

가난한 골목을 걸었다

동그라미가 그려져 있는
현 위치에서 출발했다 마을 안내지도는
1코스 2코스 3코스가
다시 만난다고 한다

빈집을 어루만지는 과거를 나와

미래의 빈집을 걸었다

잠잠한 집들이
문 닫힌 냉장고 같아서 열어보고 싶었다
런닝구만 걸친 사내가
인기척에 젖어 의자에 앉는다

냉장고 안의 음식처럼
이 골목은 체온이 낮다

빵은 삶

갓 구운 빵은 발가벗겨 숨구멍을 열어두네

태어날 때와 죽을 때처럼
커다란 손길을 기억하는 일이라네

빵이 구워지는 시간

우주의 베틀 짜는 소리를 듣네

생각해보네
밀가루 반죽을 주무르는 손의 기억은
음모보다 친밀이라는

하지만 빵이 구워지는 시간은
가슴에 손을 대보는 시간이라네

고요히 바라보는 수밖에

>

빵의 노래와
빵의 춤을 관람할 수밖에

둥근 빵이 구워지는 동안

저토록 향긋한 분만을 생각하네

기적이라는 기적을

나는 지금 샤갈의 마을에 갑니다

나는 샤갈의 마을에 갑니다
밤이 달립니다
잠들지 않는 달은 나를 따라 옵니다
커다랗고 둥근 눈동자입니다
달리는 자동차는 도시 속을 달립니다
밤의 고양이가 길에 드러눕습니다
길은 고양이를 재우고 더 깊은 길 안으로 갑니다
나와 달은 샤갈의 마을에 갑니다
밤은 말을 잃어버립니다
눈동자를 따라 갑니다
나와 달은 날아갑니다
지붕을 날고 빌딩을 날아
산을 날고 날아
스윽스윽 갑니다
나와 달은 샤갈의 마을에 갑니다
눈 내리는 마을은 자라는 것조차 멈추었습니다
나는 작습니다 얼굴이 생겨납니다
불안한 얼굴이 급히 길을 삼킵니다

달은 당신의 눈동자입니다
나는 지금 샤갈의 마을에 갑니다

빛 너머의 빛

그 언덕은 무덤이었다

문장은 흰 벽에서 생겼다가 흰 벽에서 사라졌다

아무도 모르게 잎사귀를 식히는
밤의 비처럼
구릉은 사라진 집터에 나무를 키우고 있었다

무덤에서 빛이 되는 어둠 너머의 어둠
금 간 그릇과 삭은 조각 그릇 곁,

나는 지구처럼 자전하며
낯선 계절 속 낯선 시간 속에 서 있다

여름 크리스마스를 맞는 저녁처럼
들여다보면 볼수록 보이지 않는
빛 너머의 빛

제2부

불면

밤의 그림을 그린다
그림이 지우개 없이 지워진다

코끼리 다리를 그리면 코끼리 다리는 지워지고 코끼리 눈은 끝내 얼굴에 그려지지 않는다 얼굴을 그리면 얼굴이 지워진다 눈동자만 그려지는 그림을 그린다 손을 그리면 손가락 다섯 개는 손이 되지 않고 지워진다 얼굴보다 먼저 밤이 그림을 지운다

그리지 않아도 그림이 그려진다 이름을 부르지 않아도 너는 앞에 서 있다 보내지도 않았는데 너는 가고 없다 보고 있을 뿐인데 가고 없는 얼굴들 대낮보다 더 환한 밤, 그림 속에 이미 들어와 있는 사람들이 있다

이대로 잠들게 하소서
얼굴 없이 어디까지 와 있는가?

아직 걸어야 할 아침

그럴 것이다

길 끝에는
한쪽 날개만 달고 있어
날아갈 수 없는
천사

펄펄 끓는 토마토를
움켜쥔 것 같은
파도

빙하가 떨어지는
해안과
구름의 떨림

악어의 이빨 속으로
춤추는 폭포
햇살이 부서지는

설산의 캐럴

그럴 것이다

젖은 땅
발꿈치 들고
춤추는
천사

얼굴만 늙고
아직 어린이들인 사람들의
웃음

청소부

자루가 부풉니다

낙엽을 쓸어
자루 속에 지구를 넣고 있었습니다

내일도 지구는 생겨나고 떨어지겠군요

매일매일 지구의 뒤를 따라가며
제자리로 일을 수습합니다

자루가 부풉니다

자루 속에 지구를 넣고 있었습니다
더 큰 지구에게 가져다 줄 작은 지구입니다

잠시 나무 아래 부푼 자루들을 앉혀둡니다
대나무 저울 위에 앉아 있는 것 같은 자루들이
익어갑니다

잘 익은 열매를 하나하나 정성을 다해 따듯
지상의 낙엽들을 쓸어 자루에 담았습니다

자루가 불룩해졌을 때
자루를 묶고

정원의 나무 아래
자루를 두고 떠납니다

캘리포니아 알아요

캘리포니아 알아요
너는 묻는다
나는 건포도라 말한다 너의
캘리포니아는 달지 않다
나는 오렌지라 말한다 너의 캘리포니아인가
너의 캘리포니아는 너의
캘리포니아는 과일이 아니고
캘리포니아산 건포도, 캘리포니아산
오렌지가 아니고
너의 캘리포니아는 너의 캘리포니아는
모두가 알면서
너만 아는 캘리포니아
나의 캘리포니아는 나의 캘리포니아
우리의 캘리포니아를 찾아서
망치를 가져올까 드릴은 어때
마치 괴물바람이 지붕을 물고 가는
꿈을 꾸다 깬 아이처럼
너는 울고

나는 바람을 붙잡고

지붕을 덮어야겠다

바람에도 뿌리가 뽑히지 않을 나무를 찾아야겠다

집 앞에도 베란다 앞에도

지붕을 가져간 바람의 손은

또 어디 있는가

평온한 거실은

너의 캘리포니아를 막아주지 못하고

바람에 뽑힌 나무가 쓰러진다

얼굴을 담요에 묻고 캘리포니아를 바라본다

쓰러진 커다란 나무를 만지듯 너는

얼굴이 없다

캘리포니아는 없다

테이블

나는 테이블에 골몰한다 테이블이 될 것이다 생각하는 순간 테이블이 된 듯하다 불씨를 찾아서 벼락을 찾아서 동굴에서 박쥐가 똥을 쏟아내고 천둥이 춤을 춘다면 어쩌면 이 불꽃은 번개로 돌아갈지도 모르지만 나는 동굴에 얼굴을 붙이고 벽화가 되었고 돌 속에 들어가고 돌 속에서 끄집어내지기를 반복한다 벽화가 되고 벽화가 된 후에도 계속 그리고 있다면 그린다면 나는 테이블에 골몰한다면 테이블이 될 것이다 테이블은 나를 테이블로 생각하는 듯하다 소낙비가 천둥을 골몰하고 쏟아지는 박쥐 똥 속에서 한 발 딛고 한 발 들어 빙빙 돌면서. 테이블은 네모이고 테이블은 네 개의 다리이고 테이블은 테이블에 고개를 꺾고 테이블이 된다 테이블의 세상에 속한다 테이블은 누구십니까

수리공

수리공은 작은 사람이야
눈먼 자들의 의자에도 수리공은 앉아 있어
휠체어를 밀고 오가다 문득 벽거울 속에서 나를 바라보고 있는
수리공을 만났지
나를 '천수리공' 하며 불러 세웠지
수리공은 수리공의 마음을 믿어주는 일과 수리공을 보조해주는
'천수리공'을 둔다고 말했지
잠시 내가 '천수리공'이라는 것을 잊고 나는 수리공이 미덥지 못하고 도와주려고 하자
수리공은 화를 발끈 내며
너는 '천수리공'이잖아
'천수리공'보다 '만수리공'이 더 높지 않다고 말했어
수리공은 '백수리공'보다 '천수리공'이 더 높지 않다고도 말했어
믿어주는 일 이외에도 보조하는 일이라고 했지
마음을 읽어주는 일 같은 것.

식사를 기다리는 식탁

린넨 테이블보를 덮고
은촛대가 놓여 있는 식탁으로

골목의 상점도 학교 운동장도
파파야의 화답은
한 권의 의자를 내미네

초콜릿이 녹기 전
날아가는 새들이 식사를 알리는 종을 흔들고 가면

흰 테이블 위의 일기장처럼
정갈한 접시들이 놓이고

접시를 닦는 부엌 물소리

오늘의 식사를 기다리는
카페의 의자처럼
이 식탁으로

모두가 다녀갔고
아직 아무도 오지 않았다

세상 모든 샌드위치

모여든 새들이 날개를 접고 날지 않는다
1초 후에도
날아드는 새들이 또 날개를 접고 날지 않는다

그녀도 날지 않는다

티브이 먹방 속으로 날아가고
그 속에 앉는다

보고보고 자정을 넘긴다
마지막 생은 먹방과 함께
간다

맛집을 찾아서
먹방을 위해서
국경을 넘는다

맛집의 거리로

날고 날아
맛집 테이블에 모여든다

오늘의 메뉴
오늘의 커피
오늘의 특선
오늘의 마음

죽음에 이르는 병을 선고 받은 그녀도
먹방으로
생의 마지막을 간다

맛집이
세상의 중심이다
하고 산다

분수

누군가가 떨어지는 사람이 분수 안에 있습니다
떨어지는 누군가는
떨어지는 사람이 되기 위해서 솟구쳐 오릅니다

새가 되고 조금 날지만
아직도 떨어지는 사람이 됩니다
누군가가 떨어지는 사람이 분수 안에 있습니다

행인이 지나가고 분수는 낙하합니다
아이가 하늘로 날아오르는 새를 잡겠다고
두 팔을 벌립니다

떨어지는 물방울은 바람을 횡단하고
다시 연못 안으로 떨어져 내립니다

던져진 돌멩이입니다 다시 일상을 보내고 일상을 맞이합니다
누군가가 쓰다 만 시가, 누군가가 부르던 노래가,

거칠지도 부드럽지도 않은 대화처럼

누군가의 영혼은 몹시 뜨거워 도무지 만져지지 않습니다

노숙

나는 유령인가
조금씩 나를 나눠 갖고 가는 사람들

포기라는 말은 언제 해야 하는 걸까

지하상가 철문이 입을 다물고서야
한 장의 신문지를 펴고 눕는다

묵직한 몸이 신문지 한 장에 고요하다

얼굴 없이

발자국 없이

이곳에서

나는 유령인가
조금씩 나를 나눠 갖고 가는 사람들

\>

한 길쭉한 방

같은 밥상에서 나눠 먹던 밥

선택이라는 말은 언제 해야 하는 걸까

이미 나는 유령인가

저녁밥

아마 푸른 잠을 기다리고 있었을 테지요

맑게 떨어지는 물방울, 물고기 지느러미, 낯설지만 푸른빛을 만나서 가장 떨리는 연주를, 이기지 못하는 잠을 가장 단순하게, 가장 느리게, 어린 아기, 많이 늙은 노인, 늙은 처녀, 중년 남자, 여자, 어린 부부, 식탁 위의 연주, 어린이의 연주, 노인의 연주, 여인의 연주, 가족들, 땀을 나누는 악보들,

새들이 지저귀는 소리가 들리죠 꽃이 핍니다 언젠가 어두운 골목에서 사람을 찾아 달리던, 새들의 지저귐이 들리죠 꽃이 피고 있어요 피는 꽃의 밤을 먼저 건너는 새들,

우리를 연주하는 식탁, 매일 마주앉아 잠을 깨고 잠을 청하는
이미 얼음의 차가움을 만지고 불의 뜨거움이 지나간,

악보를 따라 걸었죠, 빛의 빛 속으로, 구운 고등어 껍질을 발라 살을 나누며 걸어 들어가죠, 오 그릇들 의자들 골목의

레시피들 구석진 어둠과 골목의 공기들,

서로 꽉 잡고 있는 손가락과 숟가락.

노인의 잠

열두 겹의 꽃잎 안에 노인이 잔다

한 겹의 디저트 카페는 열 개의 고구마를 굽는다
한 겹의 바다는 서퍼들의 춤이다
한 겹의 바람은 노인을 태우고 철길을 달린다
한 겹의 잔디밭은 철거된 옛집을 아직 세우고 있다
겹겹의 길모퉁이 모과나무를 심고
피지도 않을 꽃을 기다린다
노인의 방으로 햇살이 기웃거리다 간다
노인은 낫자루를 들고 잔다
겹겹의 꽃잎이 생생하게 달려 있다
집 안에 있으나 집을 찾아 집을 떠나는 노인의 잠

ㄱ자로 굽은 등을 침대에 붙이고
잔다 낫자루처럼

낫자루를 쥔 노파의 팔이 언뜻언뜻 밭고랑을 멘다

\>

파도가 혀를 말며 달려와 노인이 파도타기를 한다
손에 낫자루를 들었다 집과 전투하고 밭일과 전투 중이다
예비군 바지를 입고 전투 중이다
낫자루를 들고 파도타기를 한다

노인이 잔다
기차가 달려와도 노인이 잔다
낫자루를 들고 노인이 잔다

문을 두드리는 아이들
닝닝닝 텃밭을 맴돈다
서너 마리 벌떼들과
노인은 잔다

단추를 채우며

바닥에서 채워야 하는 단추들이 있다

골몰해져서야 골목의 팔자걸음과
지린내를 이해하는 시간들

골목의 옆얼굴을 본 적 있다

엄지발가락만 한 꽃에게
고래고래
"민들레씨 민들레씨"
'씨'자 붙여
불러본다
눈썹 하나 까닥 않는 희망에게

난생 처음 보는 꽃처럼
"민들레씨 민들레씨"
절망의 옆얼굴이

골몰해져서 태양 속으로 날아간
잃어버린 단추를 찾다가
하늘의 바닥에서
별이 돋아나는 것도
골몰해져서야 이해한다

옆에 있어주는 사람

오래 반듯한 대륙
대륙에서 떨어져 나온
나무는

저 작은 땅에서 더 작아지려고
너는 붉고 노랗다

몽유처럼

망치를 쥐고

스크린 속으로 들어가기 전부터
붉은 망토자락이 펄럭인다
너는 서서히 스크린이 되어간다

생생하지만 만질 수 없는
영상 속으로

아프고
행복한 사람들

아무렇게나 열매들이 터지고
열매를 피해
뒤꿈치를 들고 건너가는 길

아무도 병들지 않고 다치지 않는
전쟁처럼

오래 반듯한 대륙 속으로
열리면서 닫히는 세상 속으로
망치는 어디에 두고 왔나요

잎들이 다 떨어졌네…
라는 말을 하네

적도

직장을 버리고 왔네 물의 나라
헝클어진 머리 사이에서 새들이 날아가네
안녕이라며

느릿느릿 움직이는 개들이 멈춰 서네
수풀 속에 속도를 벗어둔 채

난생 처음 보는 나에게
안녕이라고 하기 전
개들은 느릿느릿 수풀 속으로 사라지고

물의 나라에 직장은 없네
눈사람처럼 없네

모래사장을 야자수가 쓸고 있네
계절 없는 바다에서

알람처럼 흰 새는 날아오르네

허공에 시침을 그리네
통근버스는 없네

물의 나라에 와서
우리의 경이, 우리의 소란, 우리의 웃음,
뒹구는 흰 꽃들 속에 있네

물속에서 그려보네
흰 물고기 얼굴

온 세상이 하얗다

구두 짝을 찾다가
눈이 내린다

이른 아침 눈은 내리고
현관이 하얗고 거실이 하얗다
온 세상이
눈은 내리고

눈이 내린다
몸 안에서 눈물은 이미 흐르고
세상은 축축하다
만지는 것마다 젖는다
눈은 내리고
신발이 흥건하다
눈물은 나오지 않고
손바닥이 축축하다

구두 짝을 찾다가

꿇은 무릎

꿍, 가볍게 일어날 수 없는
무거운 눈물

한 방울 눈물의
둥근 뒷모습

첫말들

홀로 다가오지 않는 첫말들

흰 포말 같은 말들

금세 사라지지만 영원히 남는 말들

날개를 단 천사가 품에 안고 내려준 말들

아기의 첫말들

꼬물꼬물이라는 꽃을 꺼내
하늬바람 속에
또렷한 지문을 문질러 보는 열매들

허공을 꼬옥 잡고
하늘의 아코디언을 켜는 말들

제3부

아침에 거미

착각처럼
방향은 바뀐다

바뀐 방향으로 걷는다
제자리를 뱅뱅

무릎을 꿇을게

카시오페이아를 향해
이 여행은 낯설지 않아

착각처럼 아름다운 실패
방향은 바뀐다
동그라미를 그려줄게

환한 집을 서로 바꾸자
몇 년째 같은 자리
제자리를 뱅뱅

건물 안

건물 안에 들면
건물 안이 되는 정오의 희망곡

건물 안에 들면
건물 안이 되는 햇살

건물 안에 들면
건물 안이 되는 나

이 도시는 막 도착하고
당신이 에스컬레이트에 오르려 하고

우연히
방이 잠기고 없어지는 방이 되려 하고
걸어가면 사라지는 길이 되려 하고
기타를 뜯다가 빈방이 되려 하네

얼굴보다 등을

만남보다 이별이 먼저 도착하는

노인도 어른도 아이도
우리는 다 되려 하네

커튼

계절을 닫고 새들이 날았다
일제히 날아오르는 새떼
허공에 커튼을 친다

한 뼘씩 계절을 가리면서 날아간다

보였다가 보이지 않는
너는 닫히고
나는 커튼을 연다 커튼 뒤에 너는 없다

커튼 뒤에 계절을 남겨두고 새들이 난다

나는 나를 닫고 커튼을 닫는다

닫힌 방 뒤에 닫힌 방
작아지는 방 뒤에 작아지는 방이 있다

커튼을 열자

너는 없다

계절을 닫고 새들이 날았다

하드커버가 조금씩 닳아 간다

해변의 마켓

두 개의 트렁크
물방울 같아
물렁물렁합니다

수증기가 막 되려는
트렁크

잠든 옷들을 트렁크에 싣고 집 떠납니다

잠자는 옷들의 숨소리를 들어보세요

빗속에서 바람 속에서
깨어나는 옷들은

구겨진 옷장 구겨진 집 구겨진 자동차
구겨진 신발 구겨진 서가에서 걸어 나오는 옷들은

음악을 틉니다

탬버린처럼
종일 수다를 나눌 겁니다

노래는 옷들에게 체온을 건넵니다

다림질을 할 때 푸푸
이름을 가질 때 푸푸

오래된 화원입니다
물방울무늬, 꽃무늬
현실적이나 추상적인 체온들

두 개의 작은 상점을 끌고
해변으로 가서
덮어둔 책의 문장을 읽어줄 때도 있습니다

구경나온 해변의 사람들이
시들지 않는 꽃송이를 안고 갑니다

오늘의 실습들

우리들의 선생님은 우리들인가요
버스는 버스를 따라 줄지어 갑니다

우산은 우산을 따라 줄지어 갑니다
저들은 학교로 가는 중인가요

오늘의 친절한 음악과 오늘의 커피는
연습입니다

저쪽 테이블은 테이블의
선생님이 될 것입니다

아이스크림은 아이스크림을 낳고
딸기주스는 딸기주스를 낳고

부엌은 부엌의 지혜를 낳고

케이크는 케이크를 낳고

아메리카노는 아메리카노를 낳고

김선생은 김선생을 낳고
카페의 학교들은 카페를 낳고

처녀들의 실습은 오늘도 계속되어요

언덕

다른 이야기처럼 이 이야기는 끝나지 않는 이야기

가파른 비탈에 꽃과 바람과 햇살로 지은 집 때때로 산정 묘지처럼 성당 종탑에서 언덕이 초대하지 않은 안개가 이유 없는 슬픔처럼 날아오르지만

언덕의 감정을 따라 내려가거나 올라가는 길은 또 하나의 언덕

언덕은 기억들의 가파른 손을 놓치고 바람은 언덕의 두 팔을 벌리고 붉은 저 모란의 뜰을 가꾸고

그 언덕으로 가서 언덕의 등을 비비는 포도밭이 끝나는 지점에 세워진 호텔처럼

언덕은 날개깃 속에 오피스텔도 아파트도 빌라도 철길도 가로수도 품고

때때로 안개의 눈빛이 지켜보는 창 안으로 나는 불타고 먼지의 재가 피어오르는 언덕은 불타고 불타고

　언덕에서는 우리 스스로 따스해져야 한다는 걸 이미 알고 있었을까

포스트잇

깃털은 바닥에서 돋아

꽃을 안은 한 아이가 걸어왔지
축 늘어져 있는 새의 날갯죽지를 어루만지다
꽃을 두고 갔지

깃털은 바닥에서 돋아

가로등이 켜졌어

손바닥 반의반만 한
돛대가 만들어졌지

돛단배가 되네
돛단배가 흘러가네
바람 타고 어디로 흘러가는 걸까

웅얼웅얼

〉

무덤을 가지지 않는 새처럼
빛 속으로 흘러가고 있네

긴 기도들.

누군가의 손을 쥐고 있다는 듯이

우리는 기차를 타고 있다
이 별에서 저 별까지

출입문 위에 노선 지도가 그려져 있다
끝과 시작의 환승 지도다
구름과 햇살은 저 곳곳에 산다

눈 감고 귀도 닫은 승객들은
몸을 떠나온 영혼처럼
구름의 방과 햇살의 방에 든다

한번은 구름과 햇살에 둘러싸인 승객 무릎

한 장의 호소문이 날아와 앉았다

금세 날아갈 새라고 생각한 새

새는 금세 날아올랐고 재빨리 다음 객차로 이동해갔다

〉

눈 감은 나와
귀 닫은 너에게

재촉하는 말들

덜컹덜컹 달리는 기차 속에서
계절 몇 개가 불타고
우리는 얼굴에 주름이 가득해 간다

분주한 역마다
기차는 마중하고 배웅한다

나는 건너편의 너를 바라본다
너는 여행자처럼 뜨거운 생을 꼬옥 쥐고 있다
눈 감고 누군가의 손이라도 쥐고 있다는 듯이.

지상에 남은 날들

한 그루의 양초가 타고 다 탔다

먹고 살리던 잎
흔들리며 푸르던 잎
이제 초록이란 이름은 부를 수 없다

잎새 몇 장, 이미 입혀둔 수의처럼
그루의 나이테를 덮고 있다

생이 죽음 쪽으로 건너고 있는지
생이 아직 남아 있는지 알 수 없는 일
기다란 뿌리를 끌고 가는 일뿐
뿌리는 아직 불도저처럼 땅을 파고 있다

지상에 남은 날들
잠 속에 녹아들고

어쩌면 이번 생은 잠자면서 마감하기를 바랄 뿐

〉

나무 그늘이 둘둘 말고 간 그림자들

새의 지저귐, 어린잎의 신성이 그루의 나이테에 그늘이 되고 있다

새와 아이들이 없다

빈 화분

마른 열매들이 손끝에 닿았다

방이 생략한 고요는 붉다
널따란 들판이 사방으로 빙빙 돌아간다
줄곧 달린다

바다와 계곡이 만나고
저녁과 새벽이 만나고,
쓴맛과 신맛과 단맛이 만난다
풍경과 시간이, 세상의 맛이 뜨거운 열로
누름을 당한다

낡아서 헐거워진 다리를 끌고
너는 서 있다
건조주의보가 내리고
구름은 질주 아닌 질주를 한다

비로소 향으로 태어난다

무심한 기지개를 켠다

말하자면
잠시 너를 창밖에 세워두는 일처럼
잠시 일을 접는

안대를 쓰고
눈먼 채 서 있는

귀가 붉은 너는.

지난여름

고양이 오줌이 남겨진 벤치
고양이가 깔고 자던 신문지가 오도카니 있는 벤치

고양이가 늙어가던 벤치
고양이가 까맣게 색칠하던 벤치

나무를 먹고
놀이터를 먹고
아파트를 먹고
산을 먹고

산은 그대로 있고,
아파트는 그대로 있고,
나무는 그대로 있고,

번개를 생각하면 번개로 쫓아왔고
벼락을 생각하면 벼락으로 달려왔고
천둥을 생각하면 천둥 속에 있었던 벤치

\>

밤이 신문지를 쫓아 다니는 벤치

개를 안고 횡단하는 벤치
노인의 발이 아직 쉬고 있는 벤치

아무도 없는 벤치

슬픔은 이제 우리를 지나쳐 갔다

그림자처럼 불가능한 아침
우리는 서로 껴안고
서툴지만 무엇이든 되어주려 한다

부탁한다 너를 잊는다 슬픔아,

그토록 꼬옥 쥐고 있던 손을 이제 놓아야겠다

너는 발 빠르게 앞을 막고 설지라도
여럿 몸 짓고 검객처럼 숨어들지라도

부탁한다 너를 잊는다 슬픔아,

너는 그림자처럼 따라붙고
나를 좁은 방 안에 가둘지라도

부탁한다 너를 잊는다 슬픔아,

오롯이 우리는 서로를 껴안고
두 손을 마주잡을 것이다 슬픔아

슬픈 것은 슬픈 대로 기억하기 위해서
우리는 산타가 되고
무엇이든 서러웁게 나눌 것이다

아기가 걷듯
서툴게
앞으로만 가듯

고양이 놀이터

지붕 위 검은 고양이

지붕이 길이다 난간이 길이다
담벼락이 길이다

일출까지 석양까지 지붕까지
난간까지 담벼락까지 일몰에서 일몰이 비탈이다
석양에서 석양이 비탈이다

가파른 지붕이 길이다
가파른 지붕에서 가파른 지붕까지
비탈이 놀이터다

구름에서
구름이 길이다

물결에서
물결이 길이다

고양이가 지나간 길
하얀 도넛을 피워 올리는 굴뚝이
새를 날린다

기왓장 밑에 숨었던 새들이 난다

나무를 안았다

한 그루 나무를 안았다
발레리나처럼
보이지 않지만 있는 것처럼
안았다

둥글게 두 팔 뻗어 살짝
발꿈치를 올려
한 번 두 번 세 번
나무를 안았다

안고 또 안았다
없으면서도 있는 것처럼
나무는 서 있다

한 그루 나무를 안았다
맨발을 하고
발레리나처럼
발꿈치를 들고 위로 위로

나무를 안는다

등을 곧추세우고 둥글게
뻗은 두 팔로
한 번 두 번 세 번 나무를 안으면
한 그루의 나무는 그곳에
가만히 서 있다

안아보면 있는 것 같다
아름다운 자세로
나무는 서 있다

합창 연습

나는 서서
슬픔의 악보를 안는다

당신은 서서
슬픔의 악보를 안는다

나는 서서
슬픔을 발성한다

당신은 서서
슬픔을 발성한다

창이 열린 나의 방이 웃을 때까지
합창 연습은 둥글다

나뭇가지가 붙잡고 있던
물방울처럼 코끝에 소리를 붙잡았다 날려 보낸다

유치원 동그란 창문을 날아
밤하늘 속으로 날아간다

나는 새를 붙잡으러 팔을 벌린다
당신도 새를 붙잡으러 팔을 벌린다

나는 서서
실패를 말한다

날려 보낸 새들은 나무속에서 잔다

다시 실패를 연습한다
반복한다

상점 뒤편에 벽화가 그려진 골목이 있어요

행인들이 가시나무 담장 안으로 들어가고 걸어 나온다
처음의 그 모습으로 피 흘리지 않고 웃는다

어린 여자 학생들이 골목에서 한참 서성이다 나온다
가시나무 속으로 파고든 작은 새들이 가시나무 속을 날아 오른다
피 흘리지 않고 푸른 날개가 파닥인다

씨앗을 꼬옥 쥔 아이 등 뒤로 꽃이 피어 있다
소녀는 가장 밝은 색 옷을 차려입고 그 자리에서 웃고 있다

종종 어린 두 의경이 순찰 나오고
그을린 흙바닥을 작은 부리로 쪼고 휘적거린다 간다
휘적거린 흙바닥에서 어떤 단서를 찾는지
그을린 흙바닥만 순찰하다 간다

밤바람 속에 어린 학원생들이 피워 올린 담배 도넛
밤이 먹은 냄새들

의경이 돌아가서 다시 돌아오기 전에
담벼락에는 꽃을 든 소녀가 웃고 있다

의경은 돌아와 상점 유리문을 두드렸다
누군가 골목으로 들어가서 나오지 않았나요?
나는 듣지도 본 적도 없다는
뜻밖의 대답을 하고 만다

폐지 줍는 노인

나뭇가지에
제 몸보다 더 큰 먹이에 제 몸 부딪혀
기절시킨 후
새끼에게 물어다 준다는
호반새

아파트 모퉁이에 구부리고 서서
종이박스
펴고 밟고
납작하게 기절시키고 있는
노인을 본다

맹금류 앞에 마주 서 있듯이
큰 종이박스들을
기절시키고 있는 노인

비탈길 밀리지 않으려
소리마저 밀고

납작하게 붙어 가고 있다

나사처럼 바닥에 제 몸 꽉 조이고 가는
노인을 본다

노인이 먹이를 입에 물고 가는 길모퉁이
호반새 먹이를 떨어뜨릴까
나는 한참 서 있다

그늘과 함께

물살을 거슬러 오르는 물고기 떼
물 위에 거뭇한 그늘이 생긴다

골똘히 물속을 들여다본다

녹아 없어지거나 산산조각 나거나
아무 데나 풀썩 주저앉거나
없는 얼굴이거나,

습자지처럼 비쳐지다 감추기도 하다가
거뭇하거나
수백 마리의 물고기,

물고기 두 마리가 머리이거나
물고기 열 마리가 가슴이거나,
물고기 오십 마리가 발가락이거나,

새끼물고기와 그 새끼물고기와 그 새끼물고기이거나

펴고 오므렸던 지느러미이거나,
왜가리와의 응시이거나,

남쪽으로 날아가고 있는 창문이거나
그 자리가 그 자리인 다람쥐 쳇바퀴 도는 일상이거나,

새끼를 거느리고 헤엄쳐 오르는 늙은 물고기
아가미와 아가미와 아가미
눈알이 수천 개인
물고기이거나

걷다가
없어지는 얼굴이거나.

무용수

 심장을 보려고 나는 나를 안는다 고개를 가슴에 파묻고 심장 가까운 곳에 귀를 댄다 심장은 숨기는 장소인가 드러내는 장소인가 벽을 외면하고 겨드랑이로 고개를 집어넣어 본다 나는 나의 심장을 보려고 나를 안는다 더 자라지 않는 발로 손가락을 찔러보고 누런 잎사귀들을 떼어낸다 나는 뒹군다 심장은 뛰고 있는가 나는 오로지 발이 된다 바닥은 나를 밀어낸다 나는 오로지 어깨가 된다 나는 오로지 날개로 밀어도 밀리지 않는 벽들을 밀고 들어도 들리지 않는 천장을 튕겨도 튕기지 않은 큰 공을 안고 쓰다듬고 어루만져도 끄떡없는 심장을 안고 날아간다 차갑게 뛴다 뜨겁게 뛴다 외면한 팔이 바닥을 안고 바닥을 쓰다듬는다 외면한 바닥을 내려놓고 바닥에서 솟구친다 벽을 향해 달려간다 벽을 외면한 양팔이 그녀를 접는다 가슴에 붙이고 등에 붙인다 그녀가 지붕을 들고 달려간다

해설

골목의 소요자
― "보이지 않는 나머지 풍경"

김영임(문학평론가)

> 나는 그저 걸어 다니는 사람일 뿐,
> 그 이상도 그 이하도 아니야.[1]

 우리는 많은 작가들과 철학자들의 걷기에 대해 알고 있다. 연인이었던 베를렌에게 "바람구두를 신은 인간"이라고 불렸던 랭보의 거침없는 탈출과 회귀의 발걸음. 세상과 자신을 단절시키고 고독을 선택한 루소가 자아에 대한 내밀한 성찰과 대화로 하루하루를 채웠던 노년의 산책. 런던을 홀로 산책하는 내내 소음과 혼잡이 만들어내는 도시의 이미지에 매혹되

---

[1] 프레데리크 그로, 이재형 옮김, 「도피의 열정 아르튀르 랭보」, 『걷기, 두 발로 사유하는 철학』, 책세상, 2014, p.81.

었던 버지니아 울프의 런던 걷기. 산책길에서 자유로워진 신체의 움직임 안에서 사유의 길을 찾아냈던 니체의 산책. 그리고 파리의 파사주를 걸으면서 자본주의의 신화를 해체하고자 한 벤야민의 산책까지. 그들은 걷기 안에서 골방에 갇힌 자아를 세상 밖으로 해방시켰다. 혹은 세상의 혹독한 가시밭길에서 상처 입은 초라한 영혼을, 천천히 내딛는 발자국을 통해 자신의 내면으로 돌려보내기도 했다. 그들이 길에서 만난 세상은 어떤 때는 자연의 오묘한 섭리로, 때로는 모순에 가득 찬 고통으로 다가오는, 영감과 비애를 동시에 띠고 있는 파편적 이미지였을 것이다. 산책에 빠진 가난한 작가를 비난하는 세금평가사에게 산책이 결코 '산책이나'가 될 수 없음에 대해 장광설을 쏟아내는 로베르트 발저의 문장들을 읽어보자.

"산책은 …… 나를 살게 하고, 나에게 살아 있는 세계와의 연결을 유지시켜주는 수단이니까요. 그 세계를 느끼지 못하면 단 한 글자도 쓸 수가 없고, 단 한 줄의 시나 산문도 내 입에서 흘러나오지 못할 겁니다. …… 그는 동정과 공감과 감동의 감정을 느낄 줄 알아야 하고, 바라건대 그것을 느낍니다. 그는 뜨겁게 열광할 줄 알아야 하고, 한없이 깊은 곳에 숨겨진 한없이 작은 일상의 사건에도 푹 빠져서 관심을 기울일 줄 알아야 하며, 추측건대 그렇게 할 수 있습니다."[2]

김예강 시인의 두 번째 시집, 『오늘의 마음』 안에는 좁고 구불거리는 도시의 골목을 "만지는 길"(「일요일의 시」)을 따라 걸으며 또는 "옥상"과 "바닥"을 잇는 "계단"을 오르내리며 "지상에서 보이지 않는 나머지 풍경"(「지붕 낮은 상점의 옥상들」)을 낯선 언어로 그려 보인 서늘하면서도 따뜻한 소묘들로 가득하다. 시인의 발걸음은 그들의 걷기와 닮아 있으면서도 고유하다. 발저가 이야기한 산책자의 '감정'이라는 덕목에 충실할 뿐만 아니라, 첫 시집의 무대 안에서 익숙한 세계를 낯선 감각으로 형상화[3]했던 시인만의 언어도 여전하다. 김예강의 걷기는 한 번도 상상해보지 못한 방식으로 이미지화되고, 그것으로 형성된 걷기의 육체적 감각은 우리 일상의 사건들과 연결되면서 우리가 볼 수 없거나 놓쳐버린 "나머지 풍경"들을 펼쳐 보인다. 그래서 시인의 골목 산책은 아프면서도 아름답다.

한 걸음

---

[2] 로베르트 발저, 배수아 옮김, 『산책자』, 한겨레출판, 2017, pp. 339~342.
[3] 고봉준, 「꽃의 현상학」, 김예강, 『고양이의 잠』, 작가세계, 2014.

당신처럼

한쪽 다리에 지구가 딸려오는 것이군요
지팡이에 몸을 싣고 다리를 끌며 가는 당신처럼

한 걸음 끝에 한 나비
날아듭니다

당신은 당신을 끌고
햇빛 속으로 걸어갑니다 얼굴을 드러내고

당신 뒤에 당신이
당신 앞에 당신이
당신은 당신을 멈추려고 걷습니다

(……)

어제도 그저께도 일 년 전도
당신은 걷습니다
―「걷는 사람」 부분

"지팡이에 몸을 싣고 다리를 끌며 가는 당신"의 걸음은 느리고 위태롭다. 하지만 시인은 느린 속도의 걸음 안에서 아득한 시간의 간극을 읽어낸다. 그의 걸음은 분절되지 않는다. 끊어진 발자국 대신 연속된 끌림으로 이어질 흔적은 걸음과 지구의 움직임을 하나로 묶어내며 그 안에 시간을 가둔다. 과거와 현재와 미래가 순차적으로 자리바꿈을 하는 발자국의 궤적 대신 "당신"의 걸음 위에는 "당신 뒤에 당신이/당신 앞에 당신이" 겹쳐지며 시간의 층위들이 구분 없이 뒤섞여 있는 좌표가 적힌다. 그래서 걸음은 육체를 앞으로 전진시키기 위한 움직임이 더 이상 아니다. 걸음은 "당신을 멈추려고" 걷는 동작이 되고, "오른쪽에서는 울고 왼쪽에서는 기도"하는 세상의 고통을 초월하는 걸음이 된다. 걷는 시간 안에서 "당신"은 "머리 위로 날아가는 새 울음에 귀를 젖고 걷"고 "새 부리에 물린 물고기의 꿈틀거림에 젖고 걷"는다. "당신"의 걸음은 골고다 언덕을 향한 예수의 걸음 같기도 한데, 그렇다면 "유모차에 아이를 태우고 아이의 손을 잡고" 걷는 "당신"이 "햇빛 속으로 걸어"가면서 드러내는 "얼굴"은 신의 다른 얼굴일 수도 있겠다. 누군가의 힘들고 느린 걷기를 응시하고 있는 시인은 "단지 한쪽 어깨가 점점 올라가는 것뿐/단지 엉덩이 살이 점점 빠져 헐렁한 바지를 입을 뿐"이라며 그의 걸음을 조용히 응원한다. 김예강의 '걷기'에 대한 응시는 웅숭깊다.

두 걸음

　시인의 페르소나인 "나"는 타인의 걸음 안으로 깊숙이 들어가기도 한다. "눈먼 사람"인 "너"는 "잠시 내 등을 빌려 너의 눈을 가지"게 되고 "내 등에 너의 손을 얹고 일어나" 걷는다. "나"와 "너"는 걷는 행위 안에서 이어지고 하나의 덩어리가 되어 걸음을 내딛는다. '우리'의 걷기를 가능하게 하는 이 덩어리는 '나'의 눈에서 출발하여 "나의 등을 쥐고" 있는 '너'의 손으로 이어져 지팡이를 쥔 '너'의 다른 한쪽 손에서 완성된다. 이 순간만은 '나'의 걸음이 동시에 '너'의 걸음이 된다. '나'의 "눈"이 보는 길은 '너'의 '지팡이 든 손'이 "만지는 길"과 일치한다. 그래서 "나는 손을 어디다 두었"는지 알 수 없지만, '너'의 '손'을 통해 "모퉁이마다 두드린 그림자들/그에게만 맡아지는 향기가 있듯 지팡이가 기둥을 톡톡 칠 때 기둥은 부르르 떨었으리라"는 것을 느낄 수 있다. "손을 어디다 두었는지 모르는 사람"인 '나'가 "나만 만지는 길"을 기억한다는 것은 "눈먼 사람"인 '너'를 통해 '나'의 등으로 전달되는 진동을 함께 기억하는 일이다. 그래서 "없어진 손처럼 호주머니 속에 살고 있다"는 "시" 역시 "손을 어디다 두었는지 모르는 사람"인 '나'와 "나의 등을 쥐고 걸어 나가는 사람"(「일요일의 시」)인 '너'가 함께 걷는 이 상황이 아니면 존재하지 않는다. 시는 결핍과 결핍의 이어짐과 포개짐 속에서 살고 있는 그 무엇이다.

인기척은 골목에서 녹으면서 쌓인다

거리를 걸으며 집들을 어루만지는 것일 수 있다

내려오며 허공을 다 어루만진 눈처럼

기념사진 속으로 사라지는 벽화

살림살이가 아무렇지 않게 새어 나왔다

희망이거나

슬픔이 현재를 방치하듯

가난한 골목을 걸었다

(……)

빈집을 어루만지는 과거를 나와

미래의 빈집을 걸었다

잠잠한 집들이 문 닫힌 냉장고 같아서 열어보고 싶었다

런닝구만 걸친 사내가

인기척에 젖어 의자에 앉는다

냉장고 안의 음식처럼

이 골목은 체온이 낮다

—「인기척」부분

　루이 아라공이나 벤야민의 문장 안에서 자본주의의 부침(浮沈)을 상징하는 기호로 읽힌 파사주와 김예강의 '골목'은 이질적이면서도 겹쳐 보인다. 파리의 산책자들이 지붕 덮인 아케이드 안에서 자본주의의 잠에 취한 채로 판타스마고리아(Phantasmagoria 마술환등)로 이끌려 쉬지 않고 걸었다면, '골목'에는 그런 마술환등이 부재한다. 그럼에도 "1코스 2코스 3코스가 다시 만난다"는 "마을 안내지도"를 가지고 '골목' 곳곳을 행인들은 기념사진을 찍으며 산책 중이다. 파사주가 집이면서 동시에 길거리인 것은 소비의 열기에 도취한 산책자가 갖는 환상에 기인한다. 하지만 "살림살이가 아무렇지 않게 새어 나"와 있는 골목의 풍경이 보여주는 집과 길거리의 공존은 "슬픔이 현재를 방치하듯" 어색하게 드러난 현실이다. "문 닫힌 냉장고" 같은 허술한 "잠잠한 집"이나 "런닝구만 걸친 사내"와 같은 내밀한 삶의 모습들은 불특정한 행인들에 의해 소비되고 "기념사진 속으로 사라지는 벽화"처럼 증발된다. "행인들이 가시나무 담장 안으로 들어가고 걸어 나"오고, "처음의 그 모습으로 피 흘리지 않고 웃"(「상점 뒤편에 벽화가 그려진 골목이 있어요」)는 산책은 '골목'의 풍경을 보지 않은 것과 다르지 않다. 시인은 우리가 놓치는 풍경을 '옥상화가'의 스케치 안으로 끌어들인다.

「지붕 낮은 상점의 옥상들」의 일부를 인용해 본다. "이 나머지 풍경 속으로 뛰어드는 사람/옥상에서 나머지 풍경을 마저 색칠하는 사람을 본다"에서 "색칠하는 사람"과 시적 화자는 분리되어 있는 것처럼 읽히지만 동일한 시선으로 봐도 무방하다. "색칠하는 사람"에게 비친 옥상의 풍경은 어떠할까? "누군가의 손길이 구불구불 기어 나오는 골목의/누군가가 버린 골목이/붉은 채로 이 건물을 다 태울지도 모르지만/나머지 풍경은 늘 옥상의 반짝이는 저 옷가게 안에도 있다." 서촌 옥상 화가로 잘 알려진 김미경 작가는 처음에는 옥상에 오르는 이유가 "내가 자리한 곳이 어디인지를 객관화시켜 보게 해줘서 좋"기 때문이라고 생각했지만 결국 진짜 이유는 "나를 둘러싼 사람살이를 더 잘 이해하고, 더 깊숙이 사랑하고 싶어서"[4] 라고 것을 깨달았다고 말한다. 김예강의 '옥상화가' 역시 "모눈종이 칸"에 풍경 하나 하나를 표시하지만, 그 한 칸을 차지하는 풍경의 내용은 계속해서 변화한다. 새로 개업한 옷가게의 모눈종이 칸은 "임대, 균일가, 세일"이라는 새로운 내용을 담느라 "곧 구멍이 날" 지경이다. "골목과 골목 속 상점들/어제 올린 간판 위로 오늘의 간판이 오"른다. 김미경 작가의 「서

---

4) 김미경, 『그림 속에 너를 숨겨 놓았다』, 한겨레출판사, 2018, p.25.

촌옥상도」가 '사람살이'에 대한 이해를 위한 것처럼 시인의 스케치 역시 전체 모눈종이가 객관화하고 있는 사실적 풍경이 아니라 한 칸에 반복해서 덧칠되는 고단한 삶에 시선이 머무르고 있다. 그래서 시인의 "옥상은 지상에서 보이지 않는 나머지 풍경을 갖고 있다."(「지붕 낮은 상점의 옥상들」)

멈춤

자루가 부풉니다

낙엽을 쓸어
자루 속에 지구를 넣고 있었습니다

내일도 지구는 생겨나고 떨어지겠군요

매일매일 지구의 뒤를 따라가며
제자리로 일을 수습합니다

자루 속에 지구를 넣고 있었습니다
더 큰 지구에게 가져다 줄 작은 지구입니다

잠시 나무 아래 부푼 자루들을 앉혀둡니다
대나무 저울 위에 앉아 있는 것 같은 자루들이
익어갑니다

잘 익은 열매를 하나하나 정성을 다해 따듯
지상의 낙엽들을 쓸어 자루에 담았습니다

자루가 불룩해졌을 때
자루를 묶고

정원의 나무 아래
자루를 두고 떠납니다

―「청소부」 전문

  산책자는 빨리 가기만을 원하는 행인과 다르다. "급히 서두르는 행인은 육체의 빠른 속도를 정신의 우둔함과 결합한다."[5] 산책자는 몸의 속도를 늦추고 예민한 정신을 갖는다. 그는 군중에서 벗어난 채로 무위(無爲)의 자리에 머물지만, 수동적으로 머물고 있는 것이 아니라 모든 것을 쫓고 관찰한다.

---

5) 프레데리크 그로, 앞의 책, p. 255.

인용 시에서 시적 화자 역시 자신의 존재를 드러내지 않는 익명성 안에 머물면서 거리의 청소부를 관찰하고 있다. 화자의 응시는 낙엽을 쓸어 담는 것에서 시작해서 자루가 불룩해질 때까지 계속되다가 마침내 청소부가 묶은 자루를 정원의 나무 아래 두고 떠날 때까지 고정되고 있다. 시인의 관찰은 사실적인 정보의 확인이나 그것을 바탕으로 하는 재현의 밑 작업 따위와는 다르다. 시인의 응시는 우리가 놓치고 마는 사물의 본질을 알아차리고, 그것을 그만의 언어로 우리에게 되돌려주는 데 의미가 있다. 시 안에서 청소부의 비질은 낙엽을 소멸시키는 행위가 아니다. 낙엽은 지구의 생명 순환을 담고 있는 프랙털로 그려진다. 그래서 "낙엽"은 생명을 소진하고 폐기되는 쓰레기가 아니라, "잘 익은 열매"처럼 소중하게 다뤄진다. 낙엽을 쓸어 담는 행위는 "자루 속에 지구를 넣고 있"는 것과 같다. 청소부의 노동은 "매일매일 지구의 뒤를 따라가며/제자리로 일을 수습"하는, 생명의 순환을 보호하는 성스러운 행위가 된다.

「폐지 줍는 노인」을 관찰하는 또 다른 산책자의 응시를 살펴보자.

> 나뭇가지에
> 제 몸보다 더 큰 먹이에 제 몸 부딪혀
> 기절시킨 후

새끼에게 물어다 준다는

호반새

아파트 모퉁이에 구부리고 서서

종이박스

펴고 밟고

납작하게 기절시키고 있는

노인을 본다

(……)

노인이 먹이를 입에 물고 가는 길모퉁이

호반새 먹이를 떨어뜨릴까

나는 한참 서 있다

  도시의 산책자는 자연 속의 산책자와는 같을 수 없다. 도시 안의 산책 또는 소요가 "도시, 군중, 자본주의라는 세 가지 요소들의 중첩을 필요조건으로 한다"는 사실은 벤야민의 1930년대 파리에만 적용되는 것이 아니며 지금—여기에서도 여전히 유효하다. 소요자는 노동과 대중의 소외를 고발하기 위해 걷기를 멈추지 않아야 함과 동시에 도시를 다시 신화화하기 위해 도시 전경의 시적 표면을 탐사해야 한다.[6] 김예강의 '소외에 대한 고발'은 독특하다. "폐지 줍는 노인"을 지켜보며 "한

참 서 있"는 '나'는 제 몸보다 더 큰 맹금류에 맞서는 "호반새"에 '노인'을 비유하고 있다. "아파트 모퉁이에 구부리고 서서" "큰 종이 박스들을/기절시키고 있는 노인"의 이미지는 우리에게 한편으로는 연민을, 다른 한편으로는 불편함을 불러일으킨다. 얼핏 보기에 '호반새'의 비유는 삶을 억척스럽게 대결하는 노인의 이미지를 강화시키면서 우리의 '불편함'을 희석시키는 작용을 하는 것 같다. 하지만 "비탈길 밀리지 않으려/소리마저 밀고/납작하게 붙어 가고 있는", "나사처럼 바닥에 제 몸 꽉 조이고 가는/노인"은 "맹금류 앞에 마주 서 있"는 연약한 날짐승의 가냘픔보다 더 비극적이다. 맹금류와 호반새의 고투, 그리고 호반새보다 나약한 존재의 생존 노동을 시선에 담고 있는 '나'는 속도와 지나침을 목적으로 하는 행인에 그칠 수 없으며, 소외된 삶의 고통스러운 응시를 담당해야만 하는 골목의 소요자일 수밖에 없다. 이렇게 "한없이 깊은 곳에 숨겨진 한없이 작은 일상의 사건"[7]에서 '보이지 않는 나머지 풍경'을 쫓는 시인은 "둥근 빵이 구워지는 동안" "기적이라는 기적"(「빵은 삶」)을 만나게 하며, "구름에서" "물결에서" "고양이가 지나간 길"(「고양이 놀이터」)을 찾아낸다. 김예강

---

6) 프레데리크 그로, 위의 책, p. 256.
7) 로베르트 발저, 앞의 책, p. 342.

시인이 미처 보여주지 않은 나머지 풍경이 궁금하지 않을 수 없다. 또한 앞으로의 골목 산책이 『오늘의 마음』의 걷기만큼 충일하리라는 것도 의심하기 어렵다.

이 도서의 국립중앙도서관 출판시도서목록(CIP)은 서지정보유통지원시스템 홈페이지(http://seoji.nl.go.kr)와 국가자료공동목록시스템(http://www.nl.go.kr/kolisnet)에서 이용하실 수 있습니다.(CIP제어번호: CIP2019042587)

시인동네 시인선 112
오늘의 마음
ⓒ김예강

초판 1쇄 인쇄 2019년 10월 24일
초판 1쇄 발행 2019년 10월 31일
   지은이 김예강
   펴낸이 고영
   책임편집 서윤후
   디자인 헤이존
   펴낸곳 문학의전당
   출판등록 제2017-000002호
   주소 서울시 마포구 마포대로 11길 91, 3층
   전화 02-852-1977 팩스 02-852-1978
   전자우편 sbpoem@naver.com

   ISBN 979-11-5896-440-5 03810

*이 책의 판권은 지은이와 문학의전당에 있습니다.
*양측의 서면 동의 없는 무단 전재 및 복제를 금합니다.
*잘못 만들어진 책은 바꿔드립니다.
*이 시집은 2019 부산광역시, 부산문화재단 지역문화예술특성화지원사업 지원으로 제작되었습니다.